韓国語のかたち
《新版》

増田忠幸
▶著

白水社

装丁　東幸央

まえがき

　ハングルは記号のようでよくわからない,漢字ならばわかるのにという声をよく聞きます.韓国語にも漢字はあるのですが,いまはハングルで表わすことが多くなっています.ですから,ハングルがわからないと,なかなか意味は理解できないのです.

　ところが,ハングルはわかりにくいという先入観からか,残念なことに習わず嫌いになっているひとが多いようです.もちろん,いままでに触れたことのない外国語ですから,慣れるまでには多少時間がかかるかもしれません.でも,ハングルのしくみがわかれば,思ったよりも理解しやすいことがわかるはずです.

　外国語を学ぶのが「語学」です.「楽」なものではありませんが,「娯楽」のようにことばを楽しみながら理解していく「語楽」があってもいいでしょう.

　この『韓国語のかたち』をきっかけに,皆さんのことばへの関心がさらに広がることを願っています.

著　者

目次

まえがき 3

1章　名前を書こう！　　6

2章　文字に慣れよう！　　18

3章　手書きの文字と数字を読もう！　　62

4章　読んでみよう 推理してみよう！　　74

コンピューターで入力してみよう！　110
参考図書ガイド　111

おまけ：音を聴いてみよう！
*白水社ホームページ（http://www.hakusuisha.co.jp/language/katachi.php）
から無料でダウンロードできます。

第 1 章　名前を書こう！

【記号から文字へ】

　日本語の文字には漢字，ひらがな，カタカナと 3 種類ありますが，韓国語はどうなっているのでしょう．

　韓国語を実際に見たことがないからよくわからないというひとは，下に飛行機の機内表示を示しましたので，ちょっと見てください．

　どうですか．「ハングル」だけでなく，日本語と同じように漢字も使われています．いま日本ではあまり見かけない旧字体の漢字もありますね．漢字があれば，なんとか意味は理解できそうですが，問題は「○」や「口」のようなかたちをしたハングルでしょう．まるで記号のようだとよく言われますが，たしかに説明してもらわなかったら，さっぱりわかりませんよね．

　でも，安心してください．記号に見える「ハングル」も，パズルを解くように一つずつ分解し，そのしくみを理解しながら組み立てていけば，ちゃんと文字になるのです．

```
救命胴衣는 座席 밑에 있습니다
着席中에는 安全帶를 매십시오
Life Vest Under Your Seat
Fasten Seat Belt While Seated
                          OZALLC001
```

ソウルにあるハングル生みの親——世宗(セジョン)大王の像

像の下のハングル4文字が「世宗大王」を表しています.

【カナの分解】

ハングルを解く前に,まずは日本語のひらがな,カタカナを見てみましょう.漢字は意味を表す文字,アルファベットは音を表す文字と言われますが,「カナ」はどうでしょう.これは文字だけ見たらわかりにくいので,次のように「カナ」の発音をローマ字で表してみます.

ア (a)	イ (i)	ウ (u)	エ (e)	オ (o)
カ (ka)	キ (ki)	ク (ku)	ケ (ke)	コ (ko)
サ (sa)	シ (shi)	ス (su)	セ (se)	ソ (so)

どうですか.「カナ」は子音(kやs)と母音(aやi)が組み合わさってできていることがわかりますね.

【ハングル五十音】

一つ一つの文字のかたちは違っても,「カナ」の発音には「子音+母音」の一定のきまりがあるわけです.さて,ハングルの場合はどうでしょうか.それを考える前に,まずは日本語の五十音をハングルで表した「ハングル五十音表」からいきましょう.

「五十音」をハングルでどう書くかがわかれば,ひとの名前や地名など,皆さんの身近にあるものを,どんどん韓国語に変身させることができます.韓国語の子音と母音は他にもあるのですが,一度に覚えようとするとたいへんなので,必要なものから慣れていってください.残りはあとで紹介します.では,次頁の「アイウエオ」から「パピプペポ」までを見てください.あまり考えずにかたちを見るだけでけっこうです.

ハングル五十音表（ア～ポ）

ア 아	イ 이	ウ 우	エ 에	オ 오
カ (ガ) 가	キ (ギ) 기	ク (グ) 구	ケ (ゲ) 게	コ (ゴ) 고
サ 사	シ 시	ス 스	セ 세	ソ 소
タ (ダ) 다	チ (ヂ・ジ) 지	ツ (ヅ・ズ) 쓰 (즈)	テ (デ) 데	ト (ド) 도
ナ 나	ニ 니	ヌ 누	ネ 네	ノ 노
ハ 하	ヒ 히	フ 후	ヘ 헤	ホ 호
マ 마	ミ 미	ム 무	メ 메	モ 모
ヤ 야		ユ 유		ヨ 요
ラ 라	リ 리	ル 루	レ 레	ロ 로
ワ 와				ヲ 오
パ (バ) 바	ピ (ビ) 비	プ (ブ) 부	ペ (ベ) 베	ポ (ボ) 보

【濁音と濁らない音】

「カ行」と「タ行」と「パ行」のところにカッコがついていますね．これはこの文字が単語の2番目以降にくると，아가（アガ）のように**濁音になる**ということです（「ツ」の文字は濁音になりませんので，濁音にする場合は，カッコ内の文字を使ってください）．

「ア<u>カ</u>」と濁らないようにしたい時は，下の「単語の2番目以降で濁らない音」を使いましょう．아카とすればいいのです．

さあ「ハングル五十音表」をお手本に，次頁の「アイウエオ」から「パピプペポ」までの空欄を埋めてみましょう．その際，「ス」「チ」やヤ行，ワ行には注意してください．他とかたちが異なります．

単語の2番目以降で濁らない音

カ	キ	ク	ケ	コ
카	키	쿠	케	코

タ	チ	ツ	テ	ト
타	치	쓰	테	토

パ	ピ	プ	ペ	ポ
파	피	푸	페	포

下のハングル五十音表の空欄を埋めてみよう

ア 아	イ 이	ウ 우	エ 에	オ 오
カ (ガ) 가	キ (ギ)	ク (グ) 구	ケ (ゲ) 게	コ (ゴ)
サ 사	シ	ス	セ	ソ 소
タ (ダ) 다	チ (ヂ・ジ)	ツ (ヅ・ズ) 쓰 (즈)	テ (デ) 데	ト (ド)
ナ	ニ 니	ヌ 누	ネ 네	ノ
ハ	ヒ 히	フ	ヘ	ホ 호
マ 마	ミ 미	ム	メ 메	モ 모
ヤ		ユ 유		ヨ
ラ 라	リ 리	ル	レ 레	ロ 로
ワ				ヲ 오
パ (バ) 바	ピ (ビ) 비	プ (ブ) 부	ペ (ベ)	ポ (ボ) 보

【ハングルの分解】

　うまく完成できましたか．ちゃんと書いたつもりでも，慣れるまでは線の位置が逆だったりすることがあります．他のひとにチェックしてもらうのもいいかもしれませんね．

　では，次は「ハングル」を解いてみましょう．ハングルは「子音」と「母音」の組み合わせでできています．たとえば，ㄱ（k）と ㅏ（a）が組み合わさって，가（ka）のようになるわけです．

　日本語の「カナ」は文字ではわかりにくいのですが，「ハングル」はこのように文字から「子音＋母音」のしくみが見てわかるのです．また，ㄱと가ではKの文字のかたちがすこし違いますね．母音が右にくるか下にくるかによってかたちがやや変わりますので，気をつけてください．

　次頁の「ハングル五十音表（ヤ～ピョ）」を見てください．「チャ」「チュ」「チョ」だけは子音が ㄷ（tの音）ではなく，chを表す ㅈ が用いられていること（「チ」の表記で出てきた文字です．9頁参照），そして母音の部分が他とは異なることに注意してください．

　表の下の3行は「単語の2番目以降で濁らない音」です．このなかの「チャ行」も母音の部分が他とは異なることに注意してください．

[この人はだれ？]

　ハングルで書かれた人の名前をあててみましょう．

1　아야　　　2　유우　　　3　오다 / 요다

4　스다 / 쓰다　　　　5　와다

ハングル五十音表（ヤ～ピョ）

ヤ 야		ユ 유		ヨ 요
キャ (ギャ) 갸		キュ (ギュ) 규		キョ (ギョ) 교
シャ 샤		シュ 슈		ショ 쇼
チャ (ジャ) 자		チュ (ジュ) 주		チョ (ジョ) 조
ニャ 냐		ニュ 뉴		ニョ 뇨
ヒャ 햐		ヒュ 휴		ヒョ 효
ミャ 먀		ミュ 뮤		ミョ 묘
リャ 랴		リュ 류		リョ 료
ピャ (ビャ) 뱌		ピュ (ビュ) 뷰		ピョ (ビョ) 뵤
キャ 캬		キュ 큐		キョ 쿄
チャ 차		チュ 추		チョ 초
ピャ 퍄		ピュ 퓨		ピョ 표

【横にも下にもつづくハングル】

　これで,「ハングル」の「子音＋母音」のしくみはわかっていただけましたか.

　それでは,もう少し「ハングル」の特徴について見ていきましょう.英語を「横文字」ということがありますが,これは文字通り,「KOREA」のように横に続いていくからですね.では,「ハングル」はどうでしょうか.次の例を見てください.

$$\text{김 } \begin{matrix}\text{ki}\\\text{m}\end{matrix} \qquad \text{문 } \begin{matrix}\text{m}\\\text{u}\\\text{n}\end{matrix}$$

　英語のように横だけではなく,下にもつづくんですね.このように韓国語では「子音＋母音」のしくみ以外に,「子音＋母音＋子音」というかたちがあります.この最後の子音(上の例でいえば左側のmや右側のn)を「パッチム」と言います.

【横書きも縦書きも自在】

　「ハングル」は日本語と同じように,横書きも縦書きもあります.
　「サウナ」の看板の写真で確かめてください.

前頁の答え：1. あや　2. ゆう　3. おだ／よだ　4. すだ／つだ　5. わだ

【左から右に書くハングル】

 「ハングル」は横書きも縦書きもできることがわかりました．縦書きの場合，書きやすさからいっても，上から下に書くだろうということが想像できますね．

 しかし，横書きの場合は，右から書くか，左から書くかは言語によって違います．日本でも右から書いたこともありますし，いまでもそんな懐かしい看板を目にすることができます．

 では，「ハングル」の場合はどうなのでしょうか．皆さんにもなじみのある文字が入った新聞広告を見ながら，確認してみましょう．

《漢字学習セット》

【ハングルで書いてみよう】

さあ，これで「ハングル」のこともおわかりいただけたでしょうから，「五十音表」を参考にしながら，皆さんの身近にある人名や地名を「ハングル」で書いてみましょう．その前に，「ハングル」で表記するポイントをいくつかあげておきます．

(1)　　馬場　바바　　　　加賀　가가

「ハングル」では単語の最初の音は濁音になりませんが，その音が2番目以降では濁音になる場合があります．「ばば」さんは「ぱば」となってしまうのです．

(2)　　田中　다나카　　　水戸　미토

2番目以降の音を濁音にしたくない時は，「単語の2番目以降で濁らない音」を参考にしてください．

(3)　　鈴木　스즈키　　　静岡　시즈오카

2番目以降になっても「サ行」は濁音にはならないので，日本語の「ザ行」は자, 지, 즈, 제, 조で表します．

(4)　　伊藤　이토　　　　東京　도쿄

「いとう」，「とうきょう」のような「う」の音は，実際には「大阪（おおさか）」と同様に「ー」と長く伸ばす音です．「ハングル」では「伸ばす音」（長音）は表記しませんので，「いと」「ときょ」となります．

(5)　　本間　혼마　　　　神田　간다

「ほんま」，「かんだ」のような「ん」の音は，前に来る音の下に ㄴ（nの音）をつけます．

(6)　　新田　닛타　　　　札幌　삿포로

「にった」，「さっぽろ」のような「っ」の音は，前に来る音の下に ㅅ（sの音）をつけます．

名前あてクイズ

ハングルと日本語を線で結びましょう．

1 간사이   宮崎
2 나고야   名古屋
3 나리타   関西
4 미야자키   成田
5 松本   돗토리
6 土井   마쓰모토
7 伊藤   도이
8 鳥取   이토

では次の地図を見てみましょう．日本の主な都市名をハングルで書き表してあります．「ハングル五十音表」を参考に読んでみましょう．

ヒント：大阪, 金沢, 京都, 神戸, 札幌, 仙台, 千葉, 東京, 長崎, 名古屋, 那覇, 広島, 松山, 横浜

- 삿포로
- 센다이
- 가나자와
- 도쿄
- 지바
- 교토
- 낭고야
- 요코하마
- 고베
- 오사카
- 히로시마
- 마쓰야마
- 나가사키
- 나하

前頁の答え：1. 関西 2. 名古屋 3. 成田
4. 宮崎 5. 마쓰모토 6. 도이 7. 이토
8. 돗토리

ハングル・クロスワード

¹혼	²다		⁵오	사	카
	9	³고			
⁴오		지			⁸후
다		마		10	
	¹¹교		7		오
6					카

@たてのことば
2　田中
3　小島
4　織田
5　大山
7　東京
8　福岡
11　京都

@よこのことば
1　本田
4　岡島
5　大阪
6　伊藤
9　名古屋
10　佐久

第2章　文字に慣れよう！

【ハングル五十音表に出てこなかった母音】

　ハングルの特徴はわかりましたか．皆さんの名前や身近な人名，地名もハングルで書けますね．でも，これですべてのハングルが解けたわけではありません．ハングル五十音表に出てこなかったものがあるのです．

　それでは，まず母音からみていきましょう．

　左の写真は，うなぎ屋のメニューです．장어が「うなぎ」を表します．ここではその어に注目してみましょう．

■ 어 … [オ]　아 「ア」とはよこ線 − の位置が違うので要注意！　慣れるまでは左と右をよくまちがえます．「ハングル五十音表」にあった오「オ」とは日本語で書くと同じですが，この어はあごを下に引きながら，口を大きく開けて「オ」と発音します．

" ㅓ をさがしてみよう！"

レストランの案内板です．どこに ㅓ があるでしょうか．커という文字が見つかりましたか．ㅋは「2番目以降で濁らない音」の表に出てきました．커で「コ」，その横の피も同じ表に出ていた「ピ」．合わせて「コピ」．さあ，何のことでしょう．

右の음료は飲料のこと．
커피も飲み物のようです．

街でよく見かける標識です．どこに ㅓ があるでしょうか．버という文字が見つかりましたか．ㅂ は「ハングル五十音表」にも出てきた「パ行」の音で，버で「ポ」，そして横の스は「ハングル五十音表」に出てきた文字です．そう「ス」です．合わせて「ポス」．さあ，何のことでしょう．下には시외（市外）とあります．

ヒント：停留所といえば…

左は旅館の看板です。この여관が「旅館」を表します。ここではその여に注目してみましょう。

■여 …[ヨ]　어「オ」によこ線 ー を一本足します。어「オ」にもうひとつ ー がついた여は「ヨ」と発音します。여は、「五十音表」の요「ヨ」とは異なり、あごを下に引きながら、口を大きく開けて「ヨ」と発音します。

현대は自動車で知られている会社です。英語の表記では[hyundai]、日本では「ヒュンダイ」と呼ばれています。しかし여は「ユ」の音ではないのです。「ヨ」ですから、혀は「ヒョ」となり、현は「ヒョン」と発音されます。

현대 現代

前頁の答え：コーヒー，バス

"ㅕ をさがしてみよう！"

　これは食品のパッケージです．大きく書かれた김치はキムチのことですが，どこにㅕがあるでしょうか．면という文字が見つかりましたか．ㅁは「五十音表」にも出てきた「マ行」の音ですね．며が「ミョ」，下にあるㄴは「ン」です．면で「ミョン」です．その前の文字の라は「ラ」ですから，合わせて「ラミョン」となります．「ラミョン」とは「インスタントラーメン」のことです．

　これは街で見かけた車の側面です．편という文字が見つかりましたか．펴が「ピョ」，下にㄴ「ン」がついて，편は「ピョン」です．左の우「ウ」と合わせて「ウピョン」となります．
　さあ，これは何でしょうか．

〇〇ポスト，〇〇ハガキ

これは食堂の昼と夜の営業時間と食事の内容の看板です。1番下の **5층** の 층「層」は「階」のことで、**5층** は5階なので、店は5階にあるようですが、その右の2文字 **으로** は「〜に」を表します。ここではその **으** に注目してみましょう。

〈슬로비 그때그때밥상〉

점심식사 11:30~2:30
저녁식사 5:30~9:00

・그때그때밥상은 날마다 반찬이 달라집니다.
・점심에는 커피 또는 차를 함께드립니다.
・저녁에는 맥주와 막걸리도 있습니다.

5층으로 오세요!

■ **으** … [ウ] **ㅇ** の下によこ線 **ㅡ** を一本引きます。
스, 쓰, 즈 ですでに登場している **ㅡ** です。
으 は唇を左右に引くようにして「ウ」と発音し、もうひとつの **우**「ウ」は唇を突き出すように丸くして発音するという違いがあります。
「す」を発音して確かめてみてください。

前頁の答え：郵便

"━ をさがしてみよう！"

ナイスショット！

　これはスポーツ用品店の看板ですが, どこに ━ があるでしょうか. 프という文字が見つかりましたか. 프は濁らない「パ行」の音で, 프で「プ」. 고の下の ㄹ は「ラ行」ででてきました. 合わせて 골「コル」. 골프「コルプ」となります.
　さあ, 何のことでしょう.

　これは上と同じスポーツ用品店の看板です. 스という文字が見つかりましたか. ㅅ は「サ行」の音で, 스で「ス」です. 키は「キ」ですから, 合わせて「スキ」.
　さあ, 何のことでしょう.

冬の代表的なスポーツです.

【ハングル五十音の復習】

「ア」「ウ」「オ」にそれぞれ線が一本つくと,

아・우・오 → 야・유・요

「ヤ」「ユ」「ヨ」になります.

さあ, これで基本的な母音はすべて登場しました.

아「ア」 야「ヤ」 이「イ」 우「ウ」

유「ユ」 으「ウ」 오「オ」 요「ヨ」

新登場の 어「オ」 여「ヨ」を加えた10個が基本母音です.

매일우유(1ℓ)
서울우유(1ℓ)

牛乳パック
우유は「牛乳」

キュウリ石鹸
오이は「キュウリ」

前頁の答え：ゴルフ, スキー

車のナンバープレートを読んでみよう

次の写真を見て，数字の横にあるハングルを読んでみましょう．

ナンバーの上にある文字はどれも「ソウル」．

　どうです．これらは韓国のナンバープレートです．日本でいえばひらがなのところがハングルになっている違いはありますが，あとはかわりませんね．街で停まっている車を見つけたら，ハングルを読む練習をしてみましょう．

これまで学習した母音の他に，母音と母音が合体したものがあります．これもひとつずつ解いてみましょう．

　これは新聞に載ったエアコンの宣伝広告です．この3文字에어컨が「エアコン」を表します．ここではその에に注目してみましょう．

■에 … [エ]　これはハングル五十音ですでに登場していますね．確認しましょう．これは分解するとこうなります．【分解】에→어+ㅣ
어「オ」と ㅣ「イ」が合体すると，発音は「オイ」ではなく，「エ」になります．

前頁の答え：上から，カ，タ，モ，ト

"ㅔ をさがしてみよう！"

　これは商品の広告ちらしですが，このどこに ㅔ があるでしょうか．메 という文字が見つかりましたか．ㅁ は「マ行」の音で，메 で「メ」，その左右の文字と合わせて，何と読むでしょうか．写真を見れば明らかですね．そう「カメラ」です．右に書かれた 디지털 は「デジタル」で，「デジタルカメラ」のことです．

　こちらは街角の店の看板ですが，このどこに ㅔ があるでしょうか．레 という文字が見つかりましたか．ㄹ は「ラ行」の音で，레 で「レ」．카 は濁らない「カ」で，合わせて「カレ」となります．

　さあ，何のことでしょう．카레 は韓国でもよく食べられている料理です．

　ちなみに上に書かれた 월드원 は店の名前で「ワールドワン」です．

子どもが大好きなメニューといえば…

これは結婚式場の案内です．ハングルの下に旧漢字がありますが，**예식장**が「礼式場」（日本でいう，結婚式場のこと）を表します．ここではその **예** に注目してみましょう．

■예 … [イェ] 【分解】 예→여＋ㅣ

여「ヨ」とㅣ「イ」が合体すると，「ヨイ」ではなく，「イェ」となります．ただし，ㅇ以外の文字のあとにㅖがつくと，「イェ」ではなく，「エ」と発音されます．계ならば「ケ」となるわけです．

前頁の答え：カレー

"ㅖ をさがしてみよう！"

ヒント：時間を知るのに必要です．

　これは貴金属店の看板です．このどこに ㅖ があるでしょうか．계 という文字が見つかりましたか．계は「キェ」ではなく「ケ」，その左の 시 は「シ」です．合わせて「シゲ」です．

　さあ，何のことでしょう．そのほかの単語は，左から「金」「銀」「宝石」を表しています．

　これは缶に入った飲み物ですが，このどこに ㅖ があるでしょうか．혜という文字がありますね．혜は「ヒェ」ではなく「ヘ」，その左は 시 「シ」にkを表わす ㄱ がついて 식 「シㇰ」．ただこの場合は，合わさると「シッケ」と発音されます．

　これは米を発酵させた甘酒の一種で，食後などに出される甘い飲み物です．

下はアニメ関係の広告です．この5文字애니메이션が「アニメーション」を表します．日本では「アニメーション」を「アニメ」と省略しますが，韓国では애니「エニ」と略します．ここではその애に注目してみましょう．

애ニメーション
www.anigames.co.kr
단국대학교 사회교육원은 국내 최초의 애니메이션
전문 교육기관으로 애니메이션 기획부터 실무제작

■ 애 … [エ] 日本語で書くと에と同じ「エ」になりますが，에よりも口を大きく開けて発音します．

【分解】 애 → 아 + ㅣ

"ㅐ をさがしてみよう!"

www.hyundai-apart.com

click! click! 현대아파트로 오세요!

これは현대(現代)アパートのホームページのアドレスです. 현대の英語表記が[hyun<u>dai</u>]となっています. 대が다+ㅣに分解できるため, このような英語表記になるのです. 日本語で「ヒュン<u>ダイ</u>」となるのもそのためです. 正しくは「ヒョン<u>デ</u>」となります.

英語では「インフォメーション」.

2つに共通するㅐはどこにあるでしょうか. どちらも同じ組み合わせの文字のなかに 내 という文字があります. 안내 という2つの文字が見つかりましたか. 左の 안 は「アン」, その右の 내 は「ネ」, 合わせて「アンネ」です. さあ, 何のことでしょう. 場所や料金を知りたいときはこれを参考にしますが, 이용 は「利用」のことです.

これは韓国の漫画家 허영만 (許榮萬) の『今日は馬曜日』という漫画のなかの会話です.「そう,話聞きました？」「何の話？」という男女のやりとりにでてくる2文字 얘기 が「話」を表します. ここではその 애 に注目してみましょう.

> 참! 얘기 들었어요?
>
> 무슨 얘기?

■ 애 … [イェ] 【分解】 애→야＋ㅣ

　애は야「ヤ」とㅣ「イ」が合体したものですが,「ヤイ」ではなく,「イェ」と発音します. 日本語で書くと 예 と同じ「イェ」になりますが, 예 よりも口を大きく開けて「イェ」と発音します.

　ただし, ㅇ 以外の文字のあとに ㅐ がつくと,「イェ」ではなく,「エ」と発音されます.

前頁の答え：案内
左はインチョン空港　右は駐車場

"H をさがしてみよう！"

これは生命保険会社の新聞広告です．どこに H があるでしょうか．애という文字が見つかりましたか．その右の2文字들아は「トゥラ」（←トゥル＋ア）です．合わせて「イェドゥラ」．呼びかけの時につかわれる「みんな！」という意味で，上の図版全体では「みんな！　50〜70歳はだれでも無条件に加入できるんだって」となります．

映画の広告写真です．このどこに H があるでしょうか．섀という文字が見つかりましたか．ㅅは「五十音表」にも出てきた「サ行」の音でしたから，섀で「シェ」，その右の2文字도우は「トウ」です．合わせて「シェドウ」．英語にもある通り，これは「シャドー」のことです．

これは駐停車禁止の表示です．下の2文字위험は「危険」を表しています．ここではその위に注目してみましょう．

■ 위 … [ウィ]　【分解】 위→우+ㅣ

우「ウ」とㅣ「イ」が合体し，위「ウィ」となりますが，「ウ・イ」ではなく，「ウィ」と発音します．「ウ」と「イ」を一気に発音するのがコツです．

"ᅱをさがしてみよう！"

　これは飲食店のメニューです．どこにᅱがあるでしょうか．튀という文字が見つかりましたか．ㅌは濁らない「タ行」の音でした．튀は「トゥィ」，その右の김は기「キ」にmを表わすㅁがついて「キㇺ」．合わせて「トゥィギㇺ」．これは揚げ物の一種なのですが，우동「うどん」にのっている새우「えび」の「トゥィギㇺ」とはなんでしょうか．

　これは종로(鍾路)にある店の看板ですが，どこにᅱがあるでしょうか．귀という文字が見つかりましたか．귀は「クゥィ」，금속はㄱ「ク」にmを表わすㅁ，소「ソ」にkを表わすㄱがついて「クㇺソㇰ」．귀と合わせて「クゥィグㇺソㇰ」となります．귀금속は「貴金属」のことです．

　右の2가は「2街」で，日本語の「2丁目」にあたります．「鍾路」は貴金属の店が集まっていて，卸売価格で買うことができます．ソウルに行ったら一度のぞいてみてください．

これは清涼飲料水の缶の写真です.真ん中に6文字 포카리스웨트 とあります.これは「ポカリスウェット」を表します.ここではその 웨 に注目してみましょう.

■웨 …［ウェ］【分解】 웨→우+ㅔ

웨は 우「ウ」と ㅔ「エ」が合体したものですが,「ウ・エ」ではなく,「ウェ」と発音します.

コンビニの「ファミリーマート」のロゴにも使われています.

前頁の答え：天ぷら

"ㅔをさがしてみよう！"

これは礼式場（結婚式場）の看板ですが、このどこに ㅔ があるでしょうか. 웨という文字がありますね. その下の文字딩は「ティン」と読みます. 合わせて「ウェディン」です.

さあ、何のことでしょう.

英語をハングルで表記してあります.

これはある韓国料理関係のビルの垂れ幕ですが、このどこに ㅔ があるでしょうか. 쉐 という文字が見つかりましたか. 쉐 で「シェ」、そしてその下の 프 は「プ」です. あわせて「シェプ」. さあ、何のことでしょう.

これはソウルの南山（ナムサン）にある案内板です。1番上の **N서울타워** が「Nソウルタワー」で、ソウルのシンボルタワーです．では右の2文字 **타워**「タワー」の **워** に注目してみましょう．

■워 …［ウォ］【分解】 워→우+ㅓ

우「ウ」と ㅓ「オ」が合体し，워となりますが，「ウ・オ」ではなく，「ウォ」と発音します．「ウ」と「オ」を一気に発音するのがコツです．

前頁の答え： ウェディング、シェフ

"ㅝをさがしてみよう！"

デパートで現金のかわりに使えます．

これは雑誌に載っていたデパートの広告です．このどこにㅝがあるでしょうか．권という文字が見つかりましたか．궈が「クォ」，下にㄴ「ン」がついて「クォン」．左の상품は「サンプム」と読みます．合わせて「サンプムクォン」．さあ，何のことでしょう．

これは韓国で使われている紙幣です．このどこにㅝがあるでしょうか．원が見つかりましたか．워にㄴ「ン」がついて「ウォン」です．さあ，何のことでしょう．ちなみに만は「マン」で，「万」のことです．

ヒント：韓国の通貨単位です．

これは病院の看板です．横書きされた文字は「成形外科」を表わします．これは整形外科のことです．縦書きされた下の2文字의원が「医院」を表します．ここではその의に注目してみましょう．

　ちなみにその上の2文字미인は「美人」を表わすので，ここの名称は「美人医院」．わかりやすい名前ですね．

■ 의 …［ウィ］【分解】의→으＋ㅣ

우と으の違いと同じで，위よりも口を左右にひっぱるようにして「ウィ」と発音します．의は単語の2番目以降では「イ」と発音されるので，注意してください．

前頁の答え：*商品券，ウォン*

"ㅓをさがしてみよう！"

　これは新聞に載ったコピー商品への警告です．このどこにㅓがあるでしょうか．주의という文字が見つかりましたか．주は「チュ」，의は単語の2番目なので「イ」と発音します．合わせて「チュイ」となります．

　さあ，何のことでしょう．

주의！

　これは冬物の商品カタログの一部です．このどこにㅓがあるでしょうか．의류という文字が見つかりましたか．의「ウィ」に류「リュ」がついて，「ウィリュ」です．さあ，何のことでしょう．
　ちなみにその左にある방한は「防寒」のこと，右側の4文字겨울특집は「冬物特集」のことです．

これは日本の「お盆」にあたる**추석**（秋夕）用の贈り物カタログの一部です．ワインのセットのようです．左下の2文字**와인**が「ワイン」を表します．**세트**は「セット」のこと．ここではその**와**に注目してみましょう．

와인 세트 15,000원

와…[ワ]　【分解】와→오＋ㅏ

この**와**はハングル五十音ですでに登場しています．**오**「オ」と**ㅏ**「ア」が合体して，「ワ」の発音になります．「オ」と「ア」をつづけて発音すると「ワ」になるのがわかります．**ㅇ**のかわりに，他の子音がくる場合は，例えばKの音を表わす**ㄱ**と**ㅘ**がついた**과**は「クッ」です．「クワ」とは発音しません．

前頁の答え：注意，衣類

"과をさがしてみよう！"

　この缶ジュースのどこに과があるでしょうか．과という文字が見つかりましたか．과で「クヮ」，その左の文字사と合わせて「サグヮ」です．さあ，何のことでしょう．

韓国でも부사「富士」はこの代表的な品種です．

　街のあちこちで見かける案内板です．このどこに과があるでしょうか．화という文字が見つかりましたか．화で「ファ」，そして横の2文字장실は「チャンシル」と読みます．合わせて「ファジャンシル」．さあ，何のことでしょう．

ヒント：漢字と英語でわかりますね

これは外国語学校の看板です．左の3文字**외국어**が「外国語」を表します．その右の**학원**は外国語や受験対策の学校のことです．ここでは**외국어**の**외**に注目してみましょう．

■ **외** … ［ウェ］　【分解】　외→오+ ｜

오「オ」と｜「イ」が合体して，「ウェ」という発音になります．「オイ」ではありません．**웨**「ウェ」よりも口を大きく開けて発音します．崔（**최**）を英語で choi と書き，「チョイ」さんと呼ぶことがありますが，ただしくは「チェ」さんです．

前頁の答え：りんご，化粧室（トイレ）

"ㅚをさがしてみよう！"

　これはとある店の看板ですが，このどこにㅚがあるでしょうか．쇠という文字が見つかりましたか．쇠で「スェ」，そして左の文字열は여「ヨ」に「ラ行」のㄹがついて「ヨル」．合わせて「ヨルスェ」．

　さあ，何のことでしょう．

ヒント：出かけるときは忘れずに

　これは食堂の店頭にある看板です．このどこにㅚがあるでしょうか．회という文字が見つかりましたか．一番下にある회は「フェ」，その左の2文字참치が「まぐろ」を表します．회は漢字では膾と書きます．さあ，何のことでしょう．

生で食べるものです．

これは自動車の新聞広告です．「中型車はなぜ疲れやすいのか」と書かれています．ここで用いられている왜が「なぜ」を表します．ではその왜に注目してみましょう．

착～ 붙지않는 중형차는
왜 쉽게 피로할까요?

■ **왜** … ［ウェ］ 【分解】 왜→오＋ㅐ

　에と애の違いと同じで，웨「ウェ」よりも口を大きく開けて発音します．외「ウェ」とほとんど同じ発音で，あまり区別しません．

　これで韓国語の母音はすべて登場しました．母音の数は全部で21です．

前頁の答え：カギ，さしみ

"ㅙをさがしてみよう！"

これは本の表紙です．このどこにㅙがあるでしょうか．돼という文字が見つかりましたか．돼で「トゥェ」，その横の지は「チ」です．合わせて「トゥェジ」．

さあ，何のことでしょう．

돼지はこの本の主人公．絵になっているのがその主人公です．

これは街角の看板ですが，このどこにㅙがあるでしょうか．쇄という文字が見つかりましたか．쇄で「スェ」，その左の인は이「イ」にnのㄴがついて「イン」．合わせて「インスェ」．

さあ，何のことでしょう．本や新聞を作る際に必要な作業のひとつです．

左の2文字도장は「はんこ」のことです．

ハングル五十音で登場した基本的な子音を確認します．次の 14 個がありました．

ㄱ ㅅ ㄷ ㄴ ㅎ

ㅁ ㄹ ㅂ ㅇ ㅈ

ㅋ ㅌ ㅍ ㅊ

下は空港の案内板ですが，この 14 の子音がすべて入っています．探してみましょう．

前頁の答え：豚，印刷

ブランド名をあててみよう！

ハングルで書かれたブランド名を右の日本語から選んでください．

1. 프라다
2. 나이키
3. 에르메스
4. 아디다스
5. 레노마

ナイキ

レノマ

アディダス

エルメス

プラダ

　すこし復習です．第1章のハングル五十音で，韓国語にない［つ］の音のかわりに，「サ行」の子音 ㅅ が2つ並んだ ㅆ という文字が使われていましたね．このように同じ文字が横ならびになっている子音が韓国語にはあります．

　それらの文字を見ていくまえに，次ページから「下につく子音」を見てみましょう．ㅆ などの文字はそのあと詳しく見ていきます．

【下につく子音】

　O が「母音」の前にくる時は，かたちを整える役割はあるのですが，発音はしません．つまり［ゼロ］です．姿は見えても，音はしない存在です．しかし，これまで**장어**「うなぎ」，**우동**「うどん」，**웨딩**「ウェディング」などで出てきた **O** は「アイウエオ」の時とは使い方（読み方）が違うことにお気づきになりましたか．今回のような使い方は，下につく子音としての **O** です．この **O** は一人二役なのです．

■ **O** … ［ン］　下につく子音として登場する場合，英語の［sing］のように鼻にぬける「ン」の音になります．「り<u>ン</u>ご」と発音して確認しましょう．

《中央食堂の看板》
下の3つの **O** が「ン」の音になります．

前頁の答え：1. プラダ　2. ナイキ　3. エルメス　4. アディダス　5. レノマ

"下につく ○ をさがしてみよう！"

釜山で見つけた看板です．このどこに ○ がありますか．장という文字が見つかりましたか．자が「チャ」，その下に子音の ○ で장は「チャン」．上の文字は시「シ」で，合わさると시장「シジャン」となります．さあ，何のことでしょう．

ヒント：ここは海産物を売っている店が多いです．ソウルでいえば東大門，南大門...

「博多うどん」という店の看板です．하카타はこのように하까다とも書かれます．
ではこの中に，下につく ○ はいくつあるでしょう．

下につく ㅇ を見てみましたが，下につく子音文字はまだあります．じつはこれまでたくさん登場していました．

예식장 「結婚式場」(30頁) の ㄱ や 위험 「危険」(36頁) の ㅁ，골프 「ゴルフ」(25頁) の ㄹ や 여관 「旅館」(22頁) の ㄴ などです．また，これ以外に ㄷ と ㅂ の音で終わる場合もあります．

시장［シジャン］　　　여관［ヨグァン］

ㅇ や ㄴ はこの本では「ン」と表します．また，ㅁ や ㄱ や ㄹ はそれぞれ小さく「ㇺ」「ㇰ」「ㇽ」と表します．

위험［ウィホㇺ］　　　예식장［イェシㇰチャン］
골프［コㇽプ］

標識をあててみよう！

街でよく見かける標識あてクイズです．

下の選択肢の中から，右頁の標識が表わすものをあててみましょう．

禁煙　　駐車禁止　　一方通行

横断歩道　　非常口　　学校前

前頁の答え：市場，1つ

1. 횡단보도

3. 비상문 EXIT

2. 일방통행

4. 학교앞

6. 주차금지

5. 금연 禁煙 NO SMOKING

どうですか．日本のものと似ているので，わかりやすいですね．

【同じ文字が並ぶ子音】

これは中古車販売の新聞広告です．중고차が中古車ですが，車の絵の右上には「高く買って，安く売ります」とあります．싸게が「安く」を表しますが，ここではその싸に注目してみましょう．

ㅆ...

ㅆはちょっと息をとめてから，사 [サ] というつもりで発音してみましょう．「あっさり」という時の発音をイメージしてください．この本では「ッサ」のように表記します．

これはチョコレートの包装紙の絵です．씨름 (ッシルム) は日本の相撲と似ていますが，お互いにまわしを取ってから戦うのが相撲と違う点です．

前頁の答え：1.横断歩道　2.非常口　3.一方通行　4.学校前　5.禁煙　6.駐車禁止

"ㅆ をさがしてみよう！"

これは新聞記事のひとつです．このどこに ㅆ があるでしょうか．씨という文字が見つかりましたか．씨で「ッシ」，その左の날は「ナル」です．合わせて「ナルッシ」．

さあ，何のことでしょう．太陽と雲の絵がありますね．

9月6日（木曜日）の新聞

では，問題です．次のどこに ㅆ の文字があるでしょう．

左はスーパーのチラシです．下は動物の絵がありますが，絵本の新聞広告です．

쌀という文字と쑥쑥という文字が見つかりましたか．쌀は「米」，쑥쑥は「どんどん，ぐんぐん」という意味です．

これは韓国の街でよく見かける看板です．ひらがなもあるのでわかりやすいですが，これはトンカツ屋です．大きく書かれた文字돈까스は「五十音表」とは書き方が違いますが，「トンカツ」を表します．韓国では「トンカツ」は洋食の定番メニューのひとつです．ここではその까に注目してみましょう．

■ ㄲ … 까はちょっと息をとめてから가[カ]というつもりで発音してみましょう．「がっかり」という時の発音をイメージしてください．この本では「ッカ」のように表記します．

「ッカットゥギ」(写真の右上)
大根をサイコロのように角切りにしたキムチの一種．日本では「カクテキ」とか「カクトゥギ」と呼ばれています．

깍두기

前頁の答え：天気

"ㄲをさがしてみよう！"

これは韓国で人気のあるスナック菓子です．どこに ㄲ があるでしょうか．깡 という文字が見つかりましたか．까が「ッカ」，下につく ㅇ をつけて깡「ッカン」です．새우と合わせて「セウッカン」．

さあ，何のことでしょう．새우は「えび」のことでした．

ヒント：やめられなくなります．

これは防寒用の冬物の広告です．このどこに ㄲ があるでしょうか．끼 という文字が見つかりましたか．その左の文字 조「チョ」と合わせて，조끼 「チョッキ」です．

さあ，何のことでしょう．

오리털は「アヒルの羽毛」，つまり「ダウン」のことです．

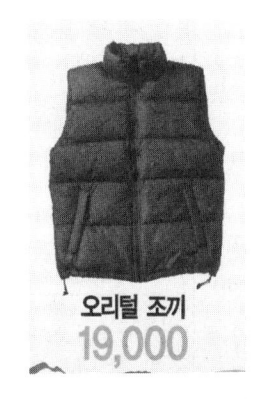

오리털 조끼
19,000

これは韓国でよく見かける文房具・ファンシーグッズのチェーン店の商標です．キツツキのイラストがありますが，右の4文字딱따구리が「キツツキ」を表します．ここではその따に注目してみましょう．

■ ㄸ...　따はちょっと息をとめてから，다 [タ]というつもりで発音してみましょう．「ぴったり」という時の発音をイメージしてください．この本では「ッタ」のように表記します．

「ットッポッキ」

餅を細かく切って肉や野菜と炒めたものです．떡は餅，볶이はいためたもののこと．신당동は新堂洞という떡볶이の店が集まっているソウルにある町です．

前頁の答え：えびせん，チョッキ（ベスト）

"**ㄸ**をさがしてみよう！"

　これは喫茶店のジュース**쥬스**のメニューです．どこに**ㄸ**があるでしょうか．**딸**という文字が見つかりましたか．**따**で「ッタ」，下に**ㄹ**がついて**딸**「ッタル」です．その右の**기**と合わせて「ッタルギ」．さあ，何のことでしょう．

FRESH CREAM

키위 쥬스	Fresh Kiwi Juice	₩5,000
바나나 쥬스	Fresh Banana Juice	₩5,000
딸기 쥬스	Fresh Strawberry Juice	₩5,000
토마토 쥬스	Fresh Tomato Juice	₩5,000

　これはお菓子のパッケージです．このどこに**ㄸ**があるでしょうか．**땅**という文字が見つかりましたか．**땅**は**따**に下につく**ㅇ**で「ッタン」．その左の**콩**と合わせて「ッタンコン」．
　さあ，何のことでしょう．**샌드**は「サンド」のこと．

チョコレートに入っていたり，
お酒のつまみになります．

これは日本でもベストセラーになった本『金持ち父さん　貧乏父さん』の広告です．大きく書かれた文字**아빠**は「お父さん」を表します．ここではその빠に注目してみましょう．

■ ㅃ ...

빠はちょっと息をとめてから，**바**［パ］というつもりで発音してみましょう．「いっぱい」という時の発音をイメージしてください．この本では「ッパ」のように表記します．

注意：ㅃは上の図版のように，ㅂとㅂがくっついて表記されることが多いです．

前頁の答え：いちご，ピーナッツ

"ㅃをさがしてみよう！"

　これは韓国でよく食べられるお菓子です．どこにㅃがあるでしょうか．빼という文字が見つかりましたか．빼が「ッペ」，その右にも同じ빼，そしてその右の로「ロ」と合わせて빼빼로「ッペッペロ」．

　これは日本にも似たものがありますが，スティック状のお菓子の商品名です．

　これはベーカリーの看板です．このどこにㅃがあるでしょうか．빵という文字が見つかりましたか．빠で「ッパ」，それに下につくㅇで빵「ッパン」．

　さあ，何のことでしょう．

　韓国でも中に「あんこ」が入ったものを売っています．

これは食堂の看板ですが，右に大きく書かれた文字**짜장**は「ジャージャー（麺）」を表します．ジャージャー麺は肉や野菜を黒味噌で炒め，麺にからめて食べるものです．ここではその**짜**に注目してみましょう．

■ ㅉ...

짜はちょっと息をとめてから，**자** [チャ] というつもりで発音してみましょう．「がっちゃん」という時の発音をイメージしてください．

この本では「ッチャ」のように表記します．

レトルトの**짜장**
쇠고기は「牛肉」のこと．

前頁の答え：パン

"ㅉ をさがしてみよう！"

　これはスーパーのチラシに載っていた食品のラベルです．どこにㅉがあるでしょうか．쨈という文字が見つかりましたか．째で「ッチェ」，その下のㅁを付けて쨈は「ッチェㅁ」です．さあ，何のことでしょう．딸기は「いちご」（61頁）のことでしたね．

굿앤칩 딸기쨈(500g)
1,650 원

ヒント：パンに塗るものです

　これはインスタント食品のパッケージです．韓国でよく食べられる麺ですが，どこにㅉがあるでしょうか．짬という文字が見つかりましたか．짬は「ッチャㅁ」です．下の뽕は뽀に下につくㅇで「ッポン」．合わせて짬뽕「ッチャㅁポン」となります．

　さあ，何のことでしょう．

ヒント：日本では長崎が有名です．

ハングル五十音に登場した子音14個が基本的な子音です.これに同じ子音を2つ並べた **ㅆ ㄲ ㄸ ㅃ ㅉ** の5個を加え,19の子音があります.これで韓国語で使われる文字はすべて見てきました.ハングルにはこれらの【21の母音】と【19の子音】があるのです.

仲間を見つけてみよう!

次の1～9には,역「駅」,은행「銀行」,카드「カード」のいずれかの文字が含まれています.文字を手がかりに3つのグループに分けてみましょう.

1

2

3

4

5

6

7

8

9

第3章　手書きの文字と数字を読もう！

【書体に要注意（その1）】

　さあ，ハングルのすべての母音と子音が解けました．

　これからはこの組み合わさった文字を解いていけばいいのです．いままでは記号のように見えた「ハングル」も，分解することで，どれとどれが同じで，どれとどれが違うか，はっきりするはずです．

　でも，同じ文字が書体やデザインの違いで，まったく違うものに見えることもあります．慣れるまでは，どれとどれが同じであるか，よく見比べることが大切です．いろいろな書体の文字を並べて紹介します．まずは，よく見てみましょう！

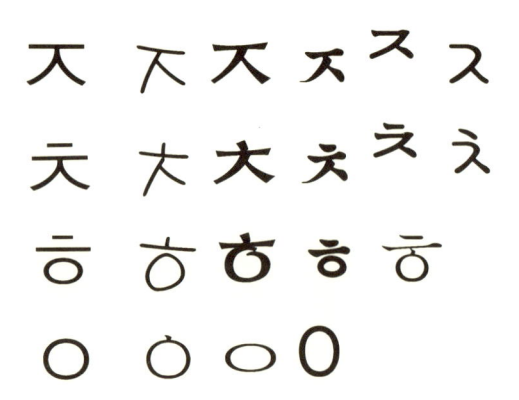

ㅈ ㅈ ㅈ ㅈ ㅈ
ㅊ ㅊ ㅊ ㅊ ㅊ
ㅎ ㅎ ㅎ ㅎ ㅎ
ㅇ ㅇ ㅇ ㅇ

点の位置やかたち，丸の大きさもさまざまです．

前頁の答え：1・6・7（駅）／2・5・9（カード）／3・4・8（銀行）

この下に，ㅊ，ㅎ，ㅇ が何回でてくるか，数えてみましょう．

스카이호텔

청약　　　호텔소식

2호선
건대역

추석

최고　　초·재혼

【書体に要注意（その2）】

ひとつの文字にいろいろな書体があるのでわかりにくいですが，母音の下にくる子音も紛らわしいことがあります．

右ページにある 꽁치 （サンマ）ですが，これは ㄲ に ㅎ ではなく，ㄲ に ㅇ がついたものです．その右の 롯데 （ロッテ）も下にくる子音が ㅊ のように見えますが，ㄹ に ㅅ がついたものです．

一度見てこうだと早合点せず，下につく子音の前にはかならず母音がくることを思い出してください．

また，日本語も活字と手書きでは形が違う場合がありますが，ハングルでもやはり，手書き文字（特にくずした字）はわかりにくいことが多いのです．右ページの下を見てみましょう．「1000」という数字から，値段であることは見当がつきます．その右の文字は 원 （ウォン）で下にきている子音は ㄴ なのです．ㄴ か ㄹ か，それとも ㅁ なのか迷う場合があるでしょうが，これまでの知識を総動員してチャレンジしてみてください．

前頁の答え：各文字4回ずつ．

いろいろなかたちがあります．

《食堂のメニュー（一部）》　　《ロッテデパートのロゴマーク》

《市場で見かけた手書き文字》
장は「枚」の意味です．
ここではシャツを売っています．

【数字を見てみよう（その１）】

　日本では算用数字と漢数字が使われていますが，韓国ではどうなのでしょうか．まずは右ページの写真から見てみましょう．

　車のナンバープレートの数字や電光掲示板の電話番号は日本と同じ，算用数字が使われていますね．では，他にどんなところで算用数字が使われているのでしょう．

　掲示板の映画のポスターには，封切り日が 8 월（月）11 일（日）と書いてあります．案内表示でも，日本の町にあたる 동（洞）の前に算用数字が使われていますね．

　下の案内板では，お金の単位の 〜원（ウォン）の前に算用数字が使われています．また，「ウォン」を表わす記号が「かき氷のメニュー」にでてきます．₩ は「ウォン」のWをデザイン化したものです．

《駐車場の案内板》
利用料金が表示されています．

韓国では「かき氷」のことを
빙수（氷水）といいます．

数字いろいろ

《車のナンバープレート》
地域名のないものもあります．

《フリーダイヤルの電話番号》
「いますぐお申し込みを」

上に書かれた게시판が「掲示板」のこと．また，封切り日の右側 3 文字대개봉は，「大ロードショー」のことです．

《市民掲示板》

《街の案内板》
漢字と英語も併記
してあります．

【数字を見てみよう（その2）】

　前ページでは算用数字が出てきました．日本にはそのほかに漢数字もありますが，韓国にもあるのです．しかし，それをハングルで表記することが多いので，漢数字が使われている言葉に気がつかず，見過ごしてしまいがちです．では，具体的に見てみましょう．

　デパートは，日本でも百貨店といいますが，韓国でも同じ．백화점で「百貨店」．最初の文字백が「百」で，화점 が「貨店」です．

　次に韓国の紙幣を見てみましょう．左上に算用数字もありますが，中央の通貨単位원（ウォン）の前に，천（千），만（万）とあります．

　また，韓国では教会を数多く見かけますが，教会のシンボルで数に関係のあるのは何でしょう．そう，「十字架」です．韓国語では십자가といいます．はじめの文字십が「十」を表しています．

일	一
십	十
백	百
천	千
만	万

こんなところにも数字が...

これは日本の工事現場などでも見かけることがあるのでわかりますね.
안전제일（安全第一）です.

百貨店の表示

では，左のハングルにあたることばを右から選んでみましょう．

1　**백발백중**　　　　　　　　一人分

2　**천차만별**　　　　　　　　十人十色

3　**일인분**　　　　　　　　　百発百中

4　**십인십색**　　　　　　　　千差万別

75

第4章 読んでみよう 推理してみよう！

【ハングルタウンを歩いてみよう】

　皆さん，もうハングルには慣れましたね．いままで記号にしか思えなかったハングルが，文字として見られるようになったでしょうか．

　せっかく，しくみやかたちがわかったのですから，ぜひ実際に日本のコリアタウンや韓国の街を歩きながら，興味のあるハングルを一つずつ解いてみてください．

　さて，どんなハングルが待ちうけているでしょうか．いままでに出てきたことばもありますから，確認をしながら，歩いてください．その際，次のことに注意してみましょう．

　漢数字のところでみたように，韓国語にも漢字からできていることばが実はたくさんあるのです．しかし，それをハングルで書き表わしているために，なかなか気がつかないわけです．これからはハングルの陰に隠れて姿の見えなかった漢字の存在にも目を向けてみましょう．ハングルを漢字でどう表わすか．ひとつわかれば，その漢字からさらに他のハングルへとつながっていくのです．

　それではこれまで見てきたハングルと漢字を手がかりに，ハングルのネットワークをさらに広げていってください．

前頁の答え：1. 百発百中　2. 千差万別
3. 一人分　4. 十人十色

漢字からハングルがつぎつぎわかる！

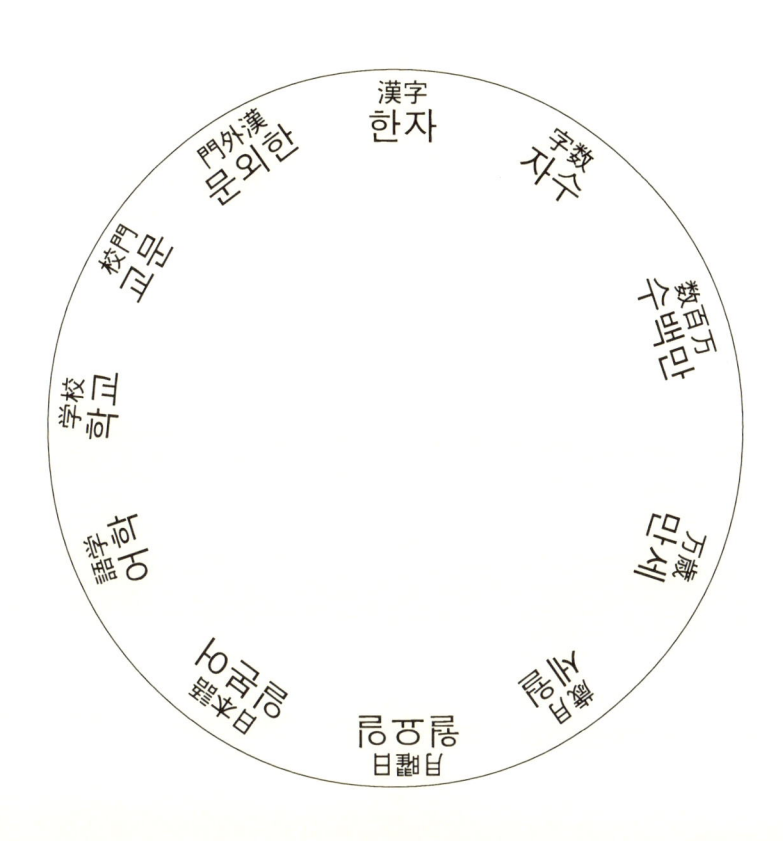

漢字
한자

字数
자수

数百万
수백만

万歳
만세

捲土重来
권토중래

捏造
날조

国語学
국어학

学校
학교

校門
교문

門外漢
문외한

《ハングル文字盤》

【「店」をさがそう(その1)】

次の写真は何の写真でしょうか．文字を手がかりににさぐってみましょう．

でも，この写真だけでは何のことかわからないかもしれません．もうすこしお見せしましょう．

ほかの文字も見えてきましたね．いくつかヒントがあります．まずは「24」という数字．そして漢字の「**便宜店**」．さあ，何でしょうか．店であることはわかりますが，何の店かが問題です．

チェーン店がいくつもある，日本でもおなじみの店です．では，右の写真を見て考えてみましょう．

もうおわかりでしょうか．いまの私たちの生活にすっかり定着した便利なもの．そう，コンビニです．韓国では［便宜店］と言います．英語で［ＣＶＳ（コンビニエンスストア）］と書いてあるところもありますし，店の様子を見れば，すぐにわかるはずです．ちなみに78ページ下の写真は「セブンイレブン」です．また，24시간 は「24時間」という意味です．

　では，ここで使われていた 점（店）という文字に注目です．下の写真の中からこの文字をさがしてみましょう．

1 중앙식당

2 을지입구지하쇼핑센터
2호선 지하철입구 (마)

3 남대문시장

4 패스트푸드점

【「店」をさがそう（その２）】

점（店）が入っていたのはこれでしたね．

패스트푸드점

店であるのはわかりますが，패스트푸드 とは何のことでしょうか．次はこの 패스트푸드 に注目してみましょう．

これだけではよくわかりませんね．では，この文字の上にあるものと一緒にお見せしましょう．

패스트푸드점

日本でもおなじみのハンバーガーやフライドポテトがありますね．どうもこれが食べられるところのようです．ということは，何の店ですか．もう，おわかりでしょうが，次の写真を見て，確かめてみましょう．

前頁の答え：4

これも日本でおなじみの店です．手軽にはやく食べられるといえば，やはり「ファーストフード」ですね．80頁下の写真は，マクドナルドです．

　でも，どうして「ファ」が 패 になるのかと疑問に思われたでしょう．実は韓国語では f を p の音で表わし，a が ㅐ と発音されることがあるのです．ですから，「フ」も 푸 になります．また，「ファミリー」は 패미리 となります．

　では，下のなかから ㅍ の文字をさがして読んでみましょう．

1　**유럽 패션 大展**

2　**페스티벌** 8/20▶10/25

3　**필리핀**

　　ヒント：　ファッション　フェスティバル　フィリピン

【売り場をさがそう（その1）】

　コンビニでちょっとした買い物をし，ファーストフードで軽く食べたら，街を歩く準備は完了ですね．それではこちらに注目してみましょう．

백화점

　これにも 점（店）がありますが，何の店でしょう．백 はどこかで出てきたのですが，覚えていますか．

　そうです，【数字を見てみよう（その2）】の漢数字で紹介した「百」でした．백（百）と 점（店）がつく店といったら，もうわかりますね．

　洋服から食品までなんでもそろっている「デパート」です．韓国では백화점（百貨店）といいます．

　では，デパートの中をのぞいてみましょう．

《デパートのフロアガイド》

6층	스포츠	골프의류·용품·클럽 라코스테, 재니클라우스, 울시, 엘로드 外	스포츠의류·용품 나이키, 아디다스, 휠라, 리복 外
5층	신사	정장 닥스, 지방시, 랑방, 제냐, 입생로랑, 갤럭시, 캠브리지, 휴고보스, 폴스미스 外	캐주얼 파코라반, 지이크, 인터메조, 타임옴므, 마에스트로, 맨스타 外
4층	부띠끄	수입 부띠끄 버버리, 지아니베르사체, 조르지오아르마니, 마니, 아이그너, 미쏘니, 발렌티노, 캘빈클라인, 겐죠, 에트로, TSE, 오일릴리, 가이거, 마스카, 엘레강스	
3층	숙녀정장	커리어 타임, 앤클라인, DKNY, 마리끌레르, 엘르, 데미안, 안지크, G보티첼리, 구호, 비아트	인텔리전스 캐주얼 보티첼리, 쁘렝땅, 우바, 에스까다 스포츠 外
2층	숙녀캐주얼	트랜드 캐주얼 데코, 솔로, 신시아로리, 레니본, 모조, 레노마, 파코라반, 리씨, 이닌 外	영 캐주얼 시스템, 온앤온, 베네통, SJ, EnC, 나이스클럽, 96NY, 오조크, 시슬리
1층	잡화/ 수입명품	수입명품 샤넬, 프라다, 까르띠에, 티파니, 페라가모, 불가리, 쇼메, 피아제, 발리, 던힐, 몽블랑, 듀퐁	
지하1층	식품	식품 정육, 청과, 야채, 생선, 가공식품, 수입식품 外	

では上のフロアガイドを見てみましょう．

数字の横についている **층** は「階」のことです．韓国では「階」のことを **층**（層）といいます． **지하** は漢字では「地下」で， **지하1층** は「地下1階」のことです．ここでは **식품** （食品）を扱っています．

では，ここで問題です．「スポーツ」用品は何階にあるでしょうか．

【売り場をさがそう（その２）】

それでは，もう少し上まで行ってみましょう．

12층	식당가	일식 오사카, 섬마을, 식도원, 미향, 한우리, 풍미	양식 함부르크, 나포리, 사라, 썬플라자, 준
11층	식당가		한 식 희정, 사랑방, 이조, 이원, 홍가네, 해미, 전주비빔밥, 고구려삼계탕, 안동
10층	면세점	의 류 샤넬, 에르메스, 펜디, 아이그너, 지아니베르사체 外	핸드백, 구두 루이뷔통, 페라가모, 구찌, 프라다, 발리 外
9층	멀티프라자		영캐주얼, 피 게스, TBJ, 발렌시아, 머스트비, 미샤, 아니베F, 닉스, 옹
8층	가구/ 가정용품	가구, 악기 가구, 조명, 조립가구, 민속공예품, 피아노, 악기 外	수예, 카페트 커튼, 침구, 카페트, 매트
7층	가전/주방 아동/란제리	가전제품 TV, 냉장고, 세탁기, 청소기 外	전자제품 카세트, 전화기, 컴퓨터, 카메라 外

　8階では**가구**を扱っているようです．**가구**は「カグ」という発音です．日本語にも似たものがありますね．そうです，この**가구**は日本語の「家具」のことです．韓国語では漢字だけでなく，発音が似ているものもけっこうあるのです．たとえば，**도시**と「都市」もそうです．

　1階下の7階では**가전**のコーナーもあるようです．ＴＶなどを扱っているということは，**가**が「家具」の「家」だとすると，**가전**は「家電」のようですね．7階では**카메라**（カメラ）も売っています．

前頁の答え：6階（스포츠）

上の表示を見ると **가방** があります．これは「カバン」のことです．日本語表記では「バッグ」となっていますが，カバンはそのまま「カバン」で通じます．その右の **구두** は「靴」のことですが，これは何階で扱っているか，フロアガイドを見てみましょう．何階ですか．

　そうです，10階にありますね．

では，次の商品が何階にあるか，ハングルを参考に探してみましょう．

1. グッチ

2. ピアノ

3. コンピューター

4. カーペット

5. ルイ・ヴィトン

6. シャネル

컴퓨터
카패트
루이뷔통
구찌
샤넬
피아노

【「室」をさがそう】

長いこと街を見てまわるうちにどうしても行きたくなるところがあります．そのときはこの文字をさがしましょう．

화 장 실

では，その下にあるものも一緒に見てみましょう．

화 장 실
Toilet　　化粧室

漢字と英語で書いてあれば，もう間違いありません．トイレは韓国語で **화장실**（化粧室）です．

「化粧室」以外に，「室」のつくものにはこんなものがあります．

고객상담실 9층

고객상담실（顧客相談室）

前頁の答え：1．10階　　2．8階
3．7階　　4．8階　　5．10階
6．10階

では，これは何のための「室」でしょうか．

임대が「賃貸」で，これは賃貸物件の案内です．**평**は「坪」を表し，30坪と40坪の広さの物件であることがわかります．そして，**사무**は「事務」のことですが，3, 40坪もある事務室とは何なのでしょうか．この場合の**사무실**は「オフィス」のことです．

では，次の **실** はどんな「室」でしょうか．

案内板の左に飛行機のようなマークが見えます．はじめの2文字**탑승**は「搭乗」のことです．空港や駅で出発の時間まで過ごす場所です．

【「場」をさがそう】

コンビニやデパートでの買い物が終わったら,ここにも立ち寄ってみましょう.

やはり韓国の買い物の面白さは 시장 にあります.ディスカウントショップやアウトレットもたくさんできましたが,品物を選びながら,値段を交渉する楽しさは捨てがたいですね.

では、この 시장 は何でしょうか.

Market とありますが,시장 は「市場」のことです.시は「市」を,장は「場」を表します.의류 は「衣類」,도매 は「卸売」,상가 は「商店街」のことで,この市場は「衣類」を扱っています.

前頁の答え:搭乗待合室

この **시장** の **장** (場) ですが，街を歩いていると，いろいろな **장** を目にします．

標識を見ればわかりますが，これは「駐車場」ですね．韓国語では **주차장** といいます．

では，下の **야구장** は何を表わしているでしょうか．

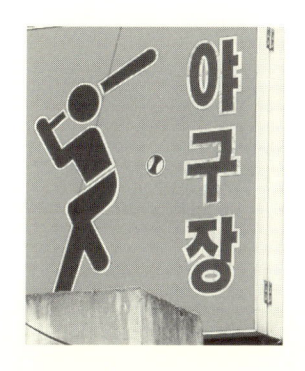

この看板は本当はバッティング
センターのものなのですが...

【「食」をさがそう】

さまざまなものがある市場を歩いていると, 時間のたつのも忘れてしまうかもしれません. 気がついたら, ちょっとおなかがすいたというひとのために, ここに注目してみましょう.

さあ, どんなところでしょうか. 市場の露店などで簡単に食べるのもいいのですが, しっかりと食べたい時には, この 식당 に入ってみましょう. 식당 は漢字で書くと「食堂」です.

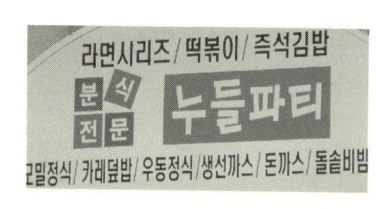

店名《ヌードルパーティー》

これも食堂の看板です. 분식 とありますが, 漢字で書くと「粉食」です. これは穀物の粉で作られた食べ物のことです.

분식점 (店) ではうどんやラーメンなどの麺, のりまきなどが手軽に食べられるので, 人気があります.

前頁の答え：野球場

식당 (食堂) や 분식 (粉食) ででてきた 식 (食).
では, ほかの 식 をさがしてみましょう.

食堂で扱っている韓国料理は 한식 (韓食), 西洋料理は 양식 (洋食), 日本料理は 일식 (日食) といいます. 「日食」は発音の同じ「日式」と書くこともあります.

では, 下のフロアガイドから, 식당가 (食堂街) の何階に「韓食」「洋食」「日食」があるかさがしてみましょう.

12층	식당가	일 식 오사카, 섬마을, 식도원, 미향, 한우리, 풍미	양 식 함부르크, 나포리, 사라, 썬플라자, 준
11층	식당가		한 식 희정, 사랑방, 이조, 이원, 홍가네, 해미, 전주비빔밥, 고구려삼계탕, 안동
10층	면세점	의 류 샤넬, 에르메스, 펜디, 아이그너, 지아니베르사체 外	핸드백, 구두 루이뷔통, 페라가모, 구찌, 프라다, 발리 外

【「湯」をさがそう】

　せっかくハングルタウンをまわるわけですから，한식（韓食）のメニューをもう少し見てみましょう．

　韓国料理といえば，焼肉というイメージがあります．そのほかには냉면（冷麺）や비빔밥（ビビンバ）もよく知られていますね．でも，忘れてはならないものがまだあります．

　それが탕です．韓国ではだしをとった「スープ」にご飯を入れて食べる料理が豊富です．この탕は漢字では「湯」と書き，「スープ」のことを表します．

탕　　スープ

밥　　ご飯

《インスタント食品》곰탕（コムタン）
牛肉を煮込んでご飯を入れたスープです．

では，メニューを見ながら，탕（湯）をさがしてみましょう．

ここには갈비탕がありますね．탕の前の갈비は何でしょうか．日本でもメニューに入っていることが多いので，食べたことがあるという人もいるでしょう．

돌솥비빔밥は「石焼きビビンバ」のことです．一番右は냉면（冷麺）ですね．

【「麺」をさがそう】

탕 とならんで，よく食べられるのが，찌개 (チゲ) です．日本では「チゲ鍋」と呼ばれることがありますが，もともと 찌개 が鍋 (料理) という意味なのです．찌개 にはたくさんの種類があります．この 찌개 (チゲ) とインスタントラーメンが合体したのが，右ページの 찌개면 (チゲ麺) です．

麺といえば，냉면 (冷麺) が有名ですが，簡単に調理できてよく食べられているのが，라면 (ラーメン) です．韓国で 라면 といえば，おもに「インスタントラーメン」のことです．このほかにも右ページの 비빔면 (ビビン麺) など，麺の種類も豊富です．

そのほか，국밥 は日本では「クッパ」として知られていますが，국 (スープ) に 밥 (ご飯) が入ったもの，국수 は 면 (麺) の一種で，うどんやそばなどの麺のことをいいます．

찌개　　チゲ

면　　　麺

前頁の答え：カルビタン

《インスタント食品》
左が찌개면（チゲ麺），右が비빔면（ビビン麺）．

下は90ページに登場した粉食店のメニューです．では，この中から
「ラーメン」を探してみましょう．

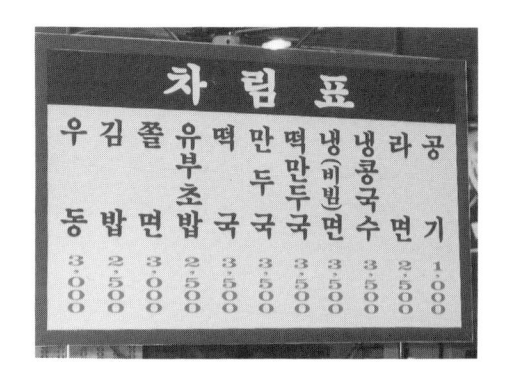

차림표「メニュー」
우동（うどん），떡（もち），김밥（のりまき）といったものもあ
りますね．만두（饅頭）は「餃子」のことです．

【韓国で見つけた日本】

　ハングルタウンを歩いていると,日本語で書かれた看板をよく目にします. どんなものがあるか, さがしてみましょう.

1

　1や2のように, すでに日本語から韓国語になったものもあります.

2

3

店の名前に日本語をつけているところもよく見かけます. では, この店の名前はわかりますか.

前頁の答え：右から2番目.

4 これは鉄板焼きの店です．

5 야키 は 야끼 とも書かれます．

6 마쓰리 を 마쯔리 と書くこともあるという例です．

【「房」をさがそう】

そろそろおなかもいっぱいになったので，腹ごなしでもと思ったら，どこに行きますか．いろいろと選択肢はあるでしょうが，そんな時はこんなスポットがお勧めです．

「日本の歌あります」と書いてありますが，この노래방とは何でしょうか．

日本語で「からおけ」と書いてあるので，わかりましたね．そうです，노래방は「カラオケ」のことなのです．韓国でも「カラオケ」がすっかり定着しました．日本の歌もありますが，せっかくですから，韓国の歌にもチャレンジしてみたいですね．．

노래が「歌」で，방（房）は店を表わす「屋」とか「部屋」という意味です．

前頁の答え：1. かばん　2. おでん　3. 名古屋　4. お好み　5. たこ焼き　6. 祭り

このほかにも，**방**がつくものがあります．

ＰＣは「パソコン」のことですが，ＰＣ**방**は日本でいう「インターネットカフェ」ですね．インターネットが発達している韓国ならではといえるでしょう．

　では，下の**방**は何でしょう．

컴퓨터は「コンピューター」，**크리닝**は「クリーニング」で，なんの店かはわかりますね．**빨래**は「洗濯」のことです．

【地下鉄に乗ろう】

　一見複雑そうな地下鉄の路線ですが，駅ごとに番号がついているので，これを目印にすれば，安心して目的地まで行けます．

　では，次の写真を見てみましょう．

「乙支路3街」や「明洞」はこのように表記されます．

을지로３가　　乙支路3街

명동　　　　　　明洞

　表示の左に203と424という数字が見えますが，それぞれ「乙支路3街」と「明洞」の番号です．この数字は一番左側が，地下鉄の番号を表します．つまり「乙支路3街」の写真は，地下鉄2号線の3番目の駅，「明洞」の写真は，地下鉄4号線の24番目の駅ということになります．**호선** は「号線」の意味です．

　では，次ページの4号線の路線図を見ながら，1〜3の駅の番号を調べてみましょう．**명동** の隣の **회현** が「425」です．

前頁の答え：コインランドリー

《地下鉄路線図》

1 서울역   2 충무로   3 동대문

4호선

- 남태령
- 당고개
- 사당
- 상계
- 총신대입구 (이수) ─ 국립서울현충원 동작역 ②번출구
- 노원
- 동작 (현충원)
- 창동
- 이촌 (국립중앙박물관) ─ 국립중앙박물관 이촌역 ②번출구
- 쌍문
- 신용산
- 국립4.19민주묘지 수유역 ⑤번출구 ─ 수유
- 삼각지 ─ 전쟁기념관 삼각지역 ②번출구 도보5분
- 미아 (서울사이버대학)
- 숙대입구 (갈월)
- 미아삼거리
- 서울역
- 길음
- 회현 (남대문시장) ─ 남대문시장 회현역 ⑥번출구
- 성신여대입구 (돈암)
- 명동 ─ 명동성당 명동역 ⑩번출구
- 한성대입구 (삼선교)
- 충무로
- 혜화전시관 혜화역 역사 내 ─ 혜화
- 동대문역사문화공원
- 창경궁 혜화역 ④번출구 ─ 동대문

101

【レシートを読んでみよう】

　백화점（百貨店）や**편의점**（コンビニ）などで買い物をし，支払いをした時に渡されるレシートを**영수증**（領収証）といいます．そして店だけでなく、地下鉄に乗る時に利用できる IC カードの**교통카드**（交通カード）を購入したり、チャージしたりする時にもレシートが発行されます．

　せっかくですから，受け取ったレシートの内容も確認してみましょう．では，右ページのレシートを見てください．

　교통카드 と **영수증** の間にある **충전** は漢字では「充電」と書き，「チャージ」のことです．

　では，SAM ID の下にある文字を確認してみましょう．

충전전잔액	チャージ前残額
충전금액	チャージ金額

　その下の**충전후잔액** の **후** は「後」，**투입금액** の **투입** は「投入」で，**충전후잔액** は「チャージ後残額」，**투입금액** は「投入金額」です．

　それぞれの横に金額と **원**「ウォン」が記されていますが，一番下にある 0 원 の **거스름돈** は何のことでしょうか．

前頁の答え：1. 426 ソウル駅
2. 423 忠武路　3. 421 東大門

《交通カードのレシート》

```
교통카드 충전영수증(Receipt)

자판기번호     :              0219136
발행사명       :         한국스마트카드
사업자번호     :         104-81-83559
주소           :      서울 중구 남대문로
                           5가 581번지

카드번호       :     1019150049796717
결재방식       :                   현금
충전일시       :  2013/08/22 10:44:32
SAM ID         :     0720090030002099

충전전잔액     :                   0원
충전금액       :              10,000원
충전후잔액     :              10,000원
투입금액       :              10,000원
거스름돈       :                   0원

역 사 명       :                   삼성
사업자명       :         서울메트로 사장
사업자번호     :         114-82-01319
주소           :      서울특별시 서초구
                              효령로 5
```

「交通カード」のチャージできる T-money（티머니）は地下鉄や電車だけでなく，バスやタクシーのほか，コンビニ・自販機・公衆電話などでも幅広く使える便利なカードです．

【テレビの番組表を読んでみよう】

新聞を読むのはまだとても無理と尻込みしないでください．記事ではなく，まずテレビの番組表から見てみましょう．**TV 프로그램**が「テレビ番組」で，**TV** は**티비**あるいは**티브이**と読みます．**프로그램**は「プログラム」のことですが，略して**프로**ともいいます．

> **어린이·만화**
>
> 투니버스 (◎♥☆)
> 10:00 벼락맞은 문방구
> 12:00 명탐정 코난 스페셜
> 13:00 티미의 못말리는 수호천사
> 14:00 매일엄마3
> 17:00 소원의 섬 캐릭아일랜드

투니버스は チャンネル名．

어린이（こども）・**만화**（漫画）はこどもやアニメのチャンネルということです．12:00 を見ると，**코난**（コナン）がありますね．**명탐정**（名探偵）とありますが，これは「名探偵コナン」のことです．右にある**스페셜**は「スペシャル」です．

また 14:00 からは**매일엄마**もありますが，これは「毎日かあさん」です．

では，次の単語を参考に番組表（ソウル地域）を見てみましょう．

뉴스 ニュース　　**드라마** ドラマ

스포츠 スポーツ

前頁の答え：おつり

《テレビの番組表（一部抜粋）》 **TV프로그램**

KBS1	KBS2	MBC	SBS
5 00 KBS 뉴스 5 10 내고향 스페셜 6 00 KBS 뉴스광장 7 50 인간극장 8 25 아침마당 9 30 KBS 뉴스	6 00 튼튼 생활체조(재) 6 05 걸어서세계속으로스페셜(재) 7 00 굿모닝 대한민국 8 00 KBS 아침 뉴스타임 9 00 (월)일편단심 민들레 9 40 여유만만	5 00 MBC 뉴스 5 10 고향이 좋다 스페셜 6 00 MBC 뉴스투데이 1,2부 7 50 (월)모두 다 김치 8 30 생방송 오늘 아침 9 30 MBC 생활법률 9 45 기분 좋은 날	5 00 SBS 5 뉴스 5 10 충전 힐링 라이프 6 00 모닝와이드 1,2부 8 30 (월)아침 연속극 　 〈청담동 스캔들〉 9 10 좋은 아침
10 00 무엇이든 물어보세요 10 50 TV동화 빨간 자전거 11 00 KBS 네트워크 특선 11 55 바른말 고운말 12 00 KBS 뉴스 12 1 00 2014 우수대학 초청 　 축구 결승전	10 50 지구촌 뉴스 11 15 사랑의 가족 11 45 (월)월화 드라마 　 〈연예의 발견〉(재) 12 50 VJ 특공대(재)	11 00 재취업 프로젝트 　 〈언니가 돌아왔다〉 12 00 MBC 정오뉴스 12 20 우리가락 우리문화 1 20 통일전망대	10 30 SBS 뉴스 11 00 SBS 생활경제 12 00 SBS 12뉴스 12 30 매직 아이(재) 1 30 애니왕국
3 00 뉴스 토크 4 00 시사진단 4 55 튼튼 생활체조(재)	2 00 KBS 뉴스타임 2 10 세계는 지금(재) 3 00 후토스 잃어버린 숲(재) 3 25 쥬로링 동물탐정(재) 3 55 TV 유치원 쫑쫑이 4 25 애니월드 4 55 가족의 품격〈풀하우스〉(재)	2 00 TV 속의 TV 3 00 MBC 경제뉴스 3 10 아웅다웅 동화나라 3 40 아하! 동물탐험대(재) 4 30 뚝! 뚝! 키즈스쿨	2 00 SBS 뉴스 2 10 현장! 고향이 보인다 3 10 잘먹고 잘사는법 　 〈식사하셨어요?〉(재) 4 00 바이클론즈(최종) 4 30 내마음의 크레파스 스페셜
5 00 KBS 뉴스 5 5 20 동물의 세계 5 40 세상은 넓다 6 00 6시 내고향 6 55 시청자칼럼	6 00 KBS 글로벌 24 6 30 생생 정보통	5 00 MBC 이브닝 뉴스 6 20 TV특종 놀라운 세상	5 00 SBS 뉴스 퍼레이드 5 30 날씨와 생활 5 35 아름다운 여행 6 05 생방송 투데이
7 00 KBS 뉴스 7 7 30 러브 인 아시아 8 25 (월)일일 연속극 　 〈고양이는 있다〉	7 50 (월)일일 드라마 　 〈뻐꾸기 둥지〉 8 30 생생 정보통 플러스 8 55 1 대 100	7 15 (월)일일 연속극 　 〈소원을 말해봐〉 7 55 MBC 뉴스데스크 8 55 (월)MBC 일일 특별기획 　 〈엄마의 정원〉	7 20 (월)일일 드라마 　 〈사랑만 할래〉 8 00 SBS 8 뉴스 8 55 SBS 뉴스토리
9 00 KBS 뉴스 9 10 00 시사기획 창 10 50 다큐 공감 11 30 KBS 뉴스라인 12 30 국악 한마당(재) 1 20 생활의 발견 2 10 (월)결혼해주세요(재) 3 10 KBS 중계석(KBS 교향 　 악단 어린이 음악회) 4 25 강연 100℃ 특선(재)	10 00 (월)월화 드라마 　 〈연예의 발견〉 11 10 우리동네 예체능 　 (출연: 강호동, 정형돈, 　 전미라, 차유람 외) 12 30 스포츠 하이라이트 12 45 세상의 모든 다큐 　 〈노르망디의 영웅들〉 1 35 영상앨범 산(재)	9 30 리얼스토리 눈 10 00 (월)월화 특별기획 　 〈아경꾼 일지〉 11 15 PD수첩 12 10 MBC 뉴스 24 12 20 MBC 100분 토론 1 45 우리집에 연예인이 산다 2 35 여행남녀 스페셜 3 25 건강 플러스 4 20 경제매거진 M 스페셜	10 00 (월)월화 드라마〈유혹〉 　 (출연: 권상우, 최지우, 　 박하선, 이정진 외) 11 15 매직아이 12 35 나이트 라인 1 05 더 쇼 2 05 KARA 컴백 쇼케이스 3 05 스포츠 빅이벤트 4 00 블랙박스로 본 세상

　番組表の中から「ニュース」「ドラマ」「スポーツ」の番組をさがしてみてください.

【天気予報を解読してみよう】

　その日の予定を決めたり,旅行の時に気になるのが天気ですね.番組表の次は新聞で天気予報をチェックです.天気は**날씨**ですが,天気予報は**일기예보**（日気予報）といいます.

　では,天気をどう表わすのか,韓国の天気を見てみましょう.

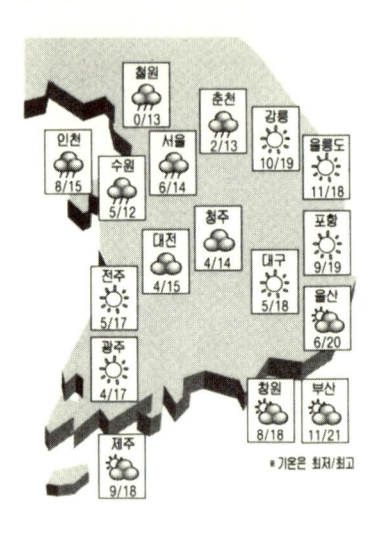

　記号を見ればわかりますね.ちなみに韓国語で「晴」は**맑음**,「曇」は**흐림**,「雨」は**비**といいます.下の数字は**기온**（気温）を表わしています.左は**최저**（最低）,右は**최고**（最高）のことです.

　では,これらの言葉を参考に**세계**（世界）の天気を見てみましょう.

　　　前頁の答え：「スポーツ」は夜12時30分からのKBS2と3時5分からのSBS,「ニュース」と「ドラマ」はたくさんあります.

《世界の天気》

도시명	날 씨	최저/최고기온
모스크바	흐림	4/9
베이징	가끔흐림	13/27
홍 콩	가끔흐림	28/31
도 쿄	가끔흐림	18/26
방 콕	가끔흐림	24/37
테헤란	가끔흐림	23/31
워싱턴	가끔흐림	8/20
L A	맑음	16/32
뉴 욕	흐림	11/23
토론토	비	4/13
시드니	비	13/18
로 마	가끔흐림	16/23
파 리	비	7/17
런 던	가끔흐림	9/17

表の左が**도시명**（都市名）です．中央の**날씨**にある**가끔**は「一時／時々」の意味です．

　ＬＡ（ロサンゼルス），**모스크바**（モスクワ），**파리**（パリ）の天気を調べてみましょう．

【勝敗表を読み解いてみよう】

　韓国の代表的なスポーツといえば，サッカーと野球ですね．野球は **야구**(野球)といい．日本のプロ野球のように韓国にも **프로야구**（プロ野球）のリーグがあります．今度は新聞のスポーツ欄でプロ野球の勝敗表を見てみましょう．

　右ページの表の上にある **중간순위** は中間順位ですから，左の数字は **순위**(順位)を表しています．**팀** は「チーム」です．この時点での首位は **삼성**（三星）ですが，「サムソン」が親会社のチームです．

　では，勝敗表を見る時のキーワードをチェックしましょう．

승	勝
패	敗
무	無

　승（勝）と **패**（敗）は日本と同じですね．**무**（無）は何でしょうか．これは **무승부**（無勝負）の略なのです．つまり，日本の「引き分け」のことです．これらのことばは野球だけでなく，サッカーなど他の競技でも使われるので，覚えておくといいでしょう．

　승률 は **승**（勝）に，**률**（率）がついたもので，「勝率」です．表の右にある **승차**（勝差）は「ゲーム差」のことです．漢字で見ると，日本とほとんど同じであることがわかりますね．

前頁の答え：ＬＡ：晴　モスクワ：曇
パリ：雨

《勝敗表》

중간순위 (25일 현재)						
순위	팀	승	패	무	승률	승차
1	삼성	66	32	2	0.673	-
2	넥센	62	42	1	0.596	7
3	NC	60	44	0	0.577	9
4	LG	49	55	1	0.471	20
5	두산	45	55	0	0.450	22
6	롯데	45	56	1	0.446	22.5
7	KIA	45	57	0	0.441	23
8	SK	45	58	0	0.437	23.5
9	한화	41	59	1	0.410	26

　チーム数は 2014 年現在のものですが，年間総当りのリーグ戦をおこない，上位チームによるポストシーズンのプレーオフによって優勝が決まります．

　では，表の中から，**롯데**（ロッテ）の成績を調べてみてください．

韓国語のキーボード（Windows）

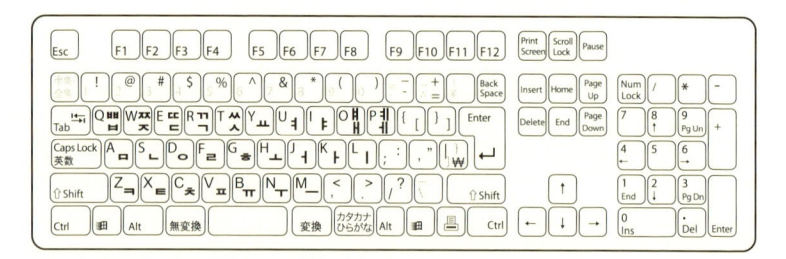

韓国語のキーボード（Macintosh）

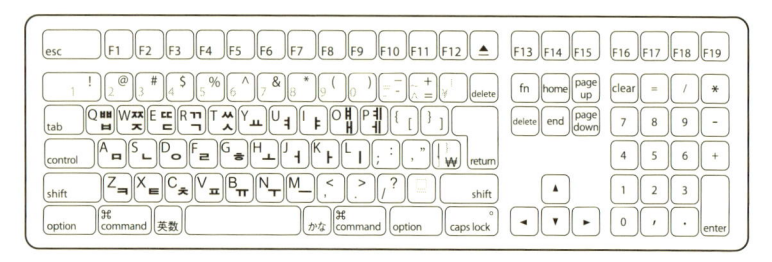

　ローマ字入力も可能ですが、上記のキーボードのような두벌식（トゥボルシク）といわれる方式が一般的です。キーボードの左側に子音字、右側に母音字が割り当てられていてわかりやすくなっています。

　ハングルの配列はMacintoshでもWindowsでも同じですし、スマートホンやタブレットでも同様です。手書きの時と同じように、子音字母、母音字母、パッチムというような順番で入力します。

　「ㅐ, ㅖ」はshiftキーを押しながら入力すると「ㅒ, ㅖ」になります。「ㄲ」のような濃音もshiftキーを使います。また「ㅘ, ㅙ, ㅚ, ㅝ, ㅞ, ㅟ, ㅢ」は「ㅗ＋ㅏ」のように順番に入力すると自動的に表示されます。

前頁の答え：6位. 45勝56敗1分け.
勝率0.446. ゲーム差22.5

参考図書ガイド

　韓国のことばや文化に関する本は数多く，特徴もさまざまで，参考になるものをいくつかにしぼるのは容易ではありません．ここでは，私の関わった入門・基礎の本をご紹介しますが，これ以外のものについては書店などで実際に手にとって自分に合う本を選んでみてください．

『韓国語のしくみ』増田忠幸，白水社，2002 年．
　韓国語の文字，発音，文などのおおまかなしくみを日本語と比較しながら読み進むことで理解できるようになっています．

『こんなにわかるハングル』増田忠幸，白水社，2008 年．
　文字，発音，しくみという３部構成で，学習者の疑問に答えながらそれぞれのコツがつかめる形式になっています．

『つたえる韓国語【入門編】』増田忠幸，三修社，2007 年．
　ＮＨＫラジオハングル講座・入門編の前半部を再構成し，さまざまな場面で使える表現を中心にまとめられています．

『韓国語をはじめよう！』増田忠幸，すばる舎，2011 年．
　ハングルの特徴と韓国語のしくみを基礎から解説し，ポイントとなる発音や表現のまとめや韓国語への変換練習もあります．

『コツコツ君が行く！　韓国語レッスン３０日』増田忠幸・徐昌源，アスク出版，2014 年．
　基礎編と実践編の２部構成で，身近なテーマについて書いたり読んだりしながら韓国語の基本的なしくみが理解できるようになっています．

著者紹介
増田忠幸（ますだ　ただゆき）
1956年埼玉県川越市生まれ．ICU 卒業．延世大学国際学部留学．
延世大学外国語学堂日本語講師．NHK テレビ・ラジオ「ハングル講座」講師．
秀林外語専門学校・講師，よみうり文化センター川越・講師．
主要著書
『韓国語のしくみ』（白水社）『こんなにわかるハングル』（白水社）
『つたえる韓国語』【入門編】【基礎編】【応用編】（三修社）
『韓国語ステップアップ 20』（三修社）
『韓国人が日本人によく聞く 100 の質問』（三修社）
『韓国語をはじめよう！』（すばる舎）
『コツコツ君が行く！　韓国語レッスン 30 日』（アスク出版）
『일본문화로　배우는　일본어　청해＋독해（日本文化で学ぶ日本語聴解＋読解）』（니혼고　팩토리）

韓国語のかたち《新版》

2015 年 4 月 15 日　印刷
2015 年 5 月 10 日　発行

著　者 ⓒ 増　田　忠　幸
発行者　　及　川　直　志
印刷所　　富士リプロ株式会社

〒101-0052　東京都千代田区神田小川町 3 の 24
発行所　電話 03-3291-7811（営業部），7821（編集部）　　株式会社白水社
　　　　http://www.hakusuisha.co.jp
　　　　乱丁・落丁本は，送料小社負担にてお取り替えいたします．

振替 00190-5-33228　　　Printed in Japan　　　誠製本株式会社

ISBN978-4-560-08694-0

▷本書のスキャン，デジタル化等の無断複製は著作権法上での例外を除き禁じられています．本書を代行業者等の第三者に依頼してスキャンやデジタル化することはたとえ個人や家庭内での利用であっても著作権法上認められていません．